LES TROIS RAULIN

RÉCIT AUTHENTIQUE.

TRAGIQUE ÉPISODE

DE

L'HISTOIRE DU HAVRE AU XVIe SIÈCLE.

LES TROIS RAULIN

RÉCIT AUTHENTIQUE

PAR J. MORLENT,

Conservateur de la Bibliothèque publique du Havre.

HAVRE

Imprimerie ALPH. LEMALE, quai d'Orléans, 9.

1857

TRAGIQUE ÉPISODE

DE

L'HISTOIRE DU HAVRE AU XVIe SIÈCLE.

LES TROIS RAULIN

RÉCIT AUTHENTIQUE.

Les deux auteurs d'un drame, représenté sur le théâtre du Havre le 29 avril dernier devant une nombreuse assemblée, ont suivi, comme c'était leur droit, une légende très apocryphe, qui dénature comme à plaisir les faits qui se rattachent au drame émouvant et véritablement historique du massacre des trois frères Raulin, Raoulin, selon l'orthographe du XVIe siècle. « Les dramaturges ont des priviléges illimités : tout et tous leur appartiennent. »

Mais afin de ne pas laisser nos concitoyens sous l'impression mensongère que cette pièce a pu leur donner, ni les futurs historiens du Havre s'égarer dans un dédale de récits controuvés, nous avons pris à tâche de mettre aujourd'hui sous les yeux de chacun les documents qui jettent la lumière sur cet acte épouvantable d'un despotisme qui a déjà trouvé sa flétrissure dans quelques pages de nos annales. Cette tâche nous a été rendue facile, nous nous plaisons à le reconnaître, par les méritantes recherches de M. Floquet, le consciencieux historien du parlement de Normandie.

L'inventeur de la légende, spirituellement brodée, l'a publiée dans ses *Esquisses* HISTORIQUES *sur le Havre*, — historiques est charmant! — C'est un petit roman que nous allons démolir pièce à pièce. Il en restera bien peu de chose, lorsque notre scalpel y aura passé. Nous opérerons à l'aide de titres dont nul ne serait admis à contester l'authenticité ou la valeur, tels que des extraits des archives de ce même parlement de Normandie et d'autres actes non moins dignes de foi, que nos recherches personnelles nous ont fait découvrir.

Commençons par la prétendue légende, imprimée par M. Labutte (c'est le nom de l'auteur du roman), et sortie de son cerveau toute armée comme la Minerve mythologique. Et c'est vraiment dommage que M. Labutte ait fait avec son imagination ce qu'il n'est permis à un historien, même dans une esquisse, de ne faire que par l'étude : « Savoir ce qu'ont voulu, ce qu'ont souffert réellement les générations qui nous ont précédés, n'est-ce pas, en effet, ainsi qu'on l'a dit, la plus noble étude que puisse se proposer un homme intelligent dont l'éducation a développé les facultés? » Mais laissons parler la légende :

« En 1597, il existait au Havre un avocat nommé *Jean-Claude* Raulin (*), qui avait trois

(*) Pourquoi ce nom ridicule de Jean-Claude quand le véritable prénom est Robert?

fils : Isaïe, le soldat; Pierre, le puritain et Jacques, le poëte; tous trois incorporés dans les troupes de la garnison, sous le commandement du *duc* de Villars (*). La vie militaire convenait à Isaïe, elle s'accommodait à sa nature mâle. Pour Pierre et Jacques, c'était un contre-sens; cependant ils s'y habituaient, et puis ils étaient si *doux*, que les chefs atténuaient en leur faveur ce que le métier de soldat pouvait avoir de trop pénible (**).

Vers la même époque le duc de Villars eut une contestation avec quelques riches bourgeois. Le sujet du débat était un terrain qu'il prétendait lui appartenir.

Le bon droit était du côté des bourgeois. Le

(*) C'est le *marquis* et non le *duc*. Le marquisat de Villars ne fut érigé en duché-pairie qu'en Juillet 1626, 28 ans après l'assassinat des Raulin.

(**) Pas si doux, M. Labutte; et pourquoi faites vous des moutons de deux de nos héros? Mais vous les avez, dans le cours de *votre légende*, peints avec des couleurs si fausses et si fades, que nous ne savons vraiment si vous avez trouvé plaisir à entacher leur mémoire, en portant indirectement atteinte à leur énergie traditionnellement constatée.

duc avait projeté d'agrandir les jardins de l'Hôtel. Ce terrain lui convenait; il le voulait à tout prix. D'abord n'osant user de violence, il va trouver l'avocat Raulin et lui remet son dossier. La réputation intègre de Raulin devait être d'un grand poids devant les juges ; mais l'avocat se réservait d'examiner l'affaire avec conscience et de ne plaider la cause du duc que si elle était bonne. (C'était du temps du roi Henri, Messieurs, que ce passait ceci.)

Villars, dès ce jour, admit les jeunes gens dans son intimité, leur fit obtenir de l'avancement, espérant fléchir l'intégrité du vieil avocat. Le soir, les trois frères fréquentaient le salon du gouverneur, dont la femme, Marie, à peine âgée de dix-huit ans, ne tarda pas à éprouver le plus tendre des sentimens humains pour Pierre, le cadet des trois frères Raulin.

Mais sur ces entrefaites, l'avocat avait eu le temps de se convaincre, par l'examen des pièces, de l'injustice de la cause du grand seigneur. Il pensa naïvement que celui-ci, sur un simple avis, renoncerait à d'iniques prétentions. Il se rendit donc chez le gouverneur et lui remit ses titres. Villars offrit de l'or, fit entendre à l'avocat que l'avenir de ses enfants dépendait de sa plaidoirie. Raulin fut inflexible. Par représailles, lorsque les trois jeunes gens se présentèrent, comme d'habitude, chez le duc, la porte leur fut interdite.

Un soir, cependant, le gouverneur sortit du conseil de ville, plus tôt qu'il n'avait coutume, et, entrant dans l'appartement de sa femme, il entend le bruit d'une fenêtre qui se referme brusquement. Il heurte du pied un poignard qu'il se hâte de ramasser et sur le manche duquel était gravé un R ; il se précipite vers la chambre à coucher de Marie de Villars. La portière est violemment tirée, la duchesse, pâle, éperdue se soutient à peine. Les yeux du duc étincellent, il tire son épée, court à la fenêtre, plonge ses regards dans le jardin, l'obscurité est profonde, il ne voit rien.

Mais l'indice de l'initiale sur le poignard est un trait de lumière pour le duc. Les trois frères sont mandés à l'Hôtel-de-Ville, sous prétexte de l'intérêt du roi. La jeunesse est confiante ; ils se rendent vers le lieu indiqué et tombent égorgés sous le poignard de brigands apostés par le commandant. *Jean-Claude* Raulin arrive au moment où les assassins vont achever Pierre qui existe encore ; il se roule aux genoux de Villars, demande grâce pour son dernier fils : ce n'est pas celui-là qui est coupable. A ce moment Pierre murmure faiblement ; Marie!... Marie!... Achevez, s'écrie le duc, et les assassins obéirent.

Le père demanda justice aux tribunaux. Le jour de l'audience venu, la salle regorgeait de monde. Les archers avaient peine à contenir les flots de curieux menaçants. Enfin, Jean Raulin parut. Il était pâle ; deux avocats de ses amis le soutenaient et à sa vue il se fit un grand calme : chacun était dans l'attente de ce qu'il allait dire. Il se leva, ouvrit la bouche et l'on entendit un éclat de rire longtemps prolongé. — Il était fou !

La voix des meurtriers parla plus haut devant le tribunal que celle de la justice. Villars fut acquitté. »

Telle est la légende, non tel est le roman de

M. Labutte. Avant de passer outre, lavons la mémoire de nos malheureux compatriotes du stigmate honteux de ce crime d'adultère, que M. Labutte a gratuitement imprimé sur le front de l'un des Raulin. Le légendaire n'a donc pas eu, en écrivant cette contre-vérité, le sentiment de la presque justification du meurtre, puisque dans cette circonstance *le duc* de Villars ne faisait que venger un outrage à son honneur ! Ah ! c'est là un mensonge historique, un mensonge grave ; d'abord il flétrit la vertu hors d'atteinte, jusqu'à preuve contraire, de la duchesse de Villars (*) ; il dépouille les trois

(*) Une inscription gravée sur pierre et enlevée de la chapelle de la Vierge, église de Notre-Dame, pierre commémorative, fixée aujourd'hui sur un des piliers du Musée, nous a conservé le nom de la duchesse de Villars, avec le souvenir de son œuvre. En voici le texte :

In nomine Jesu,

« L'an de salut 1621, le 20 jour de juin, cette pierre a été posée par très puissante dame Hipolite d'Estré, femme de Monseigneur de Villartz, marquis de Graville, gouverneur de cette Ville, Harfleur et Montevillié, laquelle a fait bastir cette chapelle en l'honneur de la Vierge. »

jeunes victimes, de l'intérêt qu'elles inspirent, et puis encore il fait peser sur la tête de Villars, assistant à l'exécution des Raulin, une accusation de cruauté impitoyable et inquisitoriale qui ne doit pas ternir son nom.

Nous le répétons : non Pierre Raulin, ni aucun de ses frères ne se rendirent coupables de séduction envers la duchesse de Villars, si duchesse ou marquise de Villars il y eut alors, ce que nous ignorons complétement. Non, Villars n'assista pas à l'assassinat des Raulin ; la procédure suivie au parlement de Rouen, et non au tribunal du Havre, ne l'a nulle part accusé de ce fait ; il n'a pas été traduit en justice, d'où il suit naturellement qu'il n'a pas été acquitté.

Dieu merci nous en avons fini avec la légende ; la grande voix de l'histoire va parler, écoutons :

Le Villars, gouverneur du Havre, à l'époque de la catastrophe des trois jeunes officiers, était le frère de l'amiral marquis de Villars qui ouvrit, à l'armée royale, les portes de la ville de Rouen, alors au pouvoir de la ligue.

Un mot sur le frère aîné : André de Bran–

cas, marquis de Villars (*), que la légende et les auteurs du drame ont confondu avec son frère, avait fait du Havre le foyer de ses intrigues et le centre de ses conspirations contre Henri de Bourbon, — Henri IV de populaire mémoire. Nous avons sous les yeux l'expédition d'un acte signé : Villars, passé chez le royal tabellion héréditał de la ville Françoise de Grâce, acte dans lequel Villars, qui ajoute à son titre de gouverneur celui de Bailli de Caux, ordonne la délivrance d'une forte indemnité en faveur du sieur de Cussy, pour les frais et dépenses que ce dernier avait faits et qu'il devait continuer pour le *parti de la sainte union des Catholiques.*

Lorsque Villars se vit en forces, il partit du Havre, sur une galère, suivi de quinze bâtiments armés et montés de 1,500 soldats par lui recrutés, et payés Dieu sait par qui. Avant d'embarquer ces hommes il les conduisit

(*) La famille des Brancas (Brancacci), était italienne et originaire de Naples. Bufile de Brancas fut le premier de son nom qui s'établit en France, sous le règne de Charles VII.

à l'Eglise de Notre-Dame et leur fit solennellement prêter, sur les saints Evangiles, le serment d'être fidèles jusqu'à la mort à *l'union des Catholiques.*

Nous verrons plus tard comment il tint lui-même le serment de fidélité à la sainte ligue, que le premier il prêta sur le livre de vérité.

Le président Hénault ne dissimule pas qu'André de Brancas, marquis de Villars, se souciait peu de servir la ligue, mais il voulait se servir de la ligue pour s'emparer de la Normandie et s'en faire une seigneurie indépendante. Le marquis visait haut !

Voilà donc notre petit gouverneur avec *sa* flotte et ses séides, remontant la Seine sans obstacle et prenant terre dans une île à la vue de Rouen. Mayenne qui trônait presque dans la vieille capitale de la Normandie, informé de l'arrivée imprévue de Villars et de son attirail de guerre, en prit alarme ; il députa vers lui un gentilhomme pour parlementer et déterminer Villars à retourner au Havre.

— Je n'en ferai rien, répondit-il ; je suis venu ici pour agir et j'agirai.

— Mais, fit le parlementaire, Monseigneur de Mayenne vous promet.....

— Ici je vous arrête.... Je suis las de promesses, toutes suivies de violations ; je veux des actions et non plus des paroles.

— Mais que voulez-vous donc, enfin, Monsieur ?

— Je veux, et répétez-le bien à celui qui vous envoie : je veux 1° le commandement de la ville de Rouen ; 2° la lieutenance générale du gouvernement ; 3° je veux encore .. mais cela je le dirai à l'oreille de M. de Mayenne.

— Cette exigence !...

— Sera satisfaite ou bien je me rends avec *tous mes hommes au parti royal.*

La réponse de Villars fut reportée à Mayenne qui s'effraya d'une menace appuyée par 1,500 hommes d'armes et souscrivit à toutes les propositions du gouverneur du Havre.

Villars, reçu à Rouen comme en ville conquise, fut pourvu immédiatement des charges qu'il avait sollicitées et prêta serment *ès-mains de Monseigneur le duc de Mayenne.*

Une fois installé dans ses hautes fonctions,

voulant tout d'abord faire acte d'autorité, à l'aide d'un confident intime, l'avocat Mauclerc, qui se mêlait aux royalistes pour les trahir à l'aise, dénicha je ne sais quel complot et fit pendre, pour y avoir trempé, un sergent, un procureur au parlement et un huissier, trois hommes innocents peut-être comme nos trois Raulin, puis il contraignit le parlement à publier un arrêt ordonnant à tous de s'abstenir de prendre parti pour Henri, sous peine d'être pendus et étranglés. Des potences furent érigées en permanence dans tous les quartiers de la ville et une somme de *deux mille écus*, somme exorbitante pour ce temps là, fut promise à tous ceux qui pourvoiraient les gibets de la sainte ligue. On pendit beaucoup, mais on paya peu ; tout soldat devait obéir à Villars à *peine de vie*, porte le même arrêt. Rouen était à la merci des instincts cruels de cet homme. Les abus de pouvoir furent immenses à cette époque. Il ordonna au clergé de tonner en chaire contre Henri de Navarre, prince hérétique, relaps. Rouen fut mis en état de siége sous la pression de l'armée royale. La ville était affamée et man-

1.

quait de pain, ce qui n'empêcha Villars d'imposer les bourgeois à une contribution extraordinaire de 30,000 écus : une sédition s'ensuivit ; on saisit quelques-uns des mutins ; cette fois Villars se montra clément, il ne tua personne : il fit fouetter les uns, appliquer les autres au carcan et bannir les moins coupables.

Le duc de Mayenne, satisfait des services de Villars et de sa belle défense de Rouen, le nomma amiral de France. Le procureur-général Delaporte le félicita à cette occasion en plein parlement; « il montra Villars portant en sa main droite la *principaulté de la mer* et à la main gauche le *gouvernement de Normandie*, ajoutant que par ses derniers exploits il avait donné la gêne aux grands esprits et affranchi leur ville de la domination des hérétiques. »

Passons sous silence toutes les péripéties du siége de Rouen, pour arriver à sa conclusion : Cette conclusion fut celle-ci :

Sully conseilla au roi d'entamer des négociations avec Villars, insistant sur ce qu'il en coûterait moins de gagner cet homme que de continuer le siége. Villars livra la ville à ce même Henri de Navarre, prince hérétique et relaps ; mais Villars tira de ce jeu une grosse épingle : il exigea la confirmation de son titre d'amiral de France, que le duc de Mayenne, dont il désertait la cause, lui avait plus ou moins volontairement conféré, plus en guise de pot-de-vin, il demanda quelque chose encore, comme 120,000 écus.

Henri souscrivit aux conditions posées par Villars, ainsi qu'avait fait Mayenne. Vous voyez que Villars était un adroit spéculateur. Cette espèce d'hommes habiles est de toutes les époques ; il déclara aux mains de Henri IV qu'il le reconnaissait pour son roi légitime et seigneur souverain, lui promettant, comme il avait fait à la ligue, toute *fidélité et obéissance.*

Voilà pour le frère aîné. Voyons ce que fit le cadet, son successeur, héritier de son nom, de son gouvernement et de ses témérités, sinon de ses talents militaires.

En 1599, trois jeunes gens, très sympathiques à la population havraise, occupaient dans la garnison des grades militaires ; tous trois gentilshommes, avaient le titre d'écuyers. Le premier était Isaïe Raoulin, seigneur de la Reynardière, cornette de la compagnie des gens à cheval du marquis de Villars ; le second Pierre, seigneur de St-Laurent, lieutenant d'une compagnie de gens de pied et Jacques, seigneur de Rogerville, enseigne dans la même compagnie ; ils étaient fils de Robert Raoulin, avocat en Parlement.

Villars avait au Havre pour lieutenant un capitaine nommé Goujon, qu'on appelait l'âme damnée du gouverneur ; c'était un homme éminemment haineux. Jaloux de son autorité et de la faveur dont ils jouissaient auprès du marquis, les trois Raulin lui portaient ombrage, non-seulement en raison de la *grande estime* qu'on avait au Havre pour la famille Raulin, estime justifiée par le talent et la sévère probité du père et par la bravoure et l'aménité des jeunes officiers, mais encore parce que Goujon était devenu, par ses vexations incessantes, un objet d'aversion pour tous les habitants de la cité (*).

Le lieutenant de Villars ne cherchait qu'un prétexte pour sévir contre les trois Raulin ; il les fit venir, le 16 Mars, à l'hôtel du Gouvernement et, sans leur donner aucune autre explication, il leur demanda leur épée, déclarant qu'ils étaient ses prisonniers et qu'ils eussent à se laisser conduire à la Tour de François Ier où, sans doute, les attendaient ses sicaires. Ils le prièrent, tous ensemble, de ne pas leur faire cette indignité, attendu qu'ils étaient gentilshommes, que n'ayant mérité aucune punition, puisqu'il ne justifiait ni d'une faute dans leur service, ni d'un grief personnel, ce serait attenter à leur honneur et causer à leur père

(*) Le lieutenant Goujon était le neveu du célèbre Jean Goujon, le restaurateur de la sculpture en France, qui fut atteint d'un coup d'arquebuse le jour du massacre de la Saint-Barthélemy (1572), tandis que, placé sur un échafaudage, il travaillait aux décorations du vieux Louvre, et périt ainsi victime du fanatisme religieux ou peut-être d'une basse jalousie.

un vif chagrin. Goujon ne tint compte de cette supplique. Alors ils voulurent se retirer, mais sur un signe du lieutenant, des soldats se jetèrent sur eux et cherchèrent à les saisir. Se voyant chargés à coups de dagues et de hallebardes, ils tirèrent aussi leur épée et frappèrent où ils purent; cette résistance fut leur péril sans doute; mais ce fut aussi leur honneur à tous trois, car leurs épées se brisèrent contre ces hommes nombreux, excités par leur chef, et bardés de fer.

Cette scène sanglante se passait dans une salle de l'ancien Hôtel-de-Ville, populairement connu sous le nom de *Logis du Roi*, depuis le séjour qu'y fit Henri II. Une fenêtre s'ouvrait sur un corridor qui régnait sur un des côtés de la salle (*). Déjà deux des frères avaient succombé sous le fer des assassins, non sans disputer intrépidement leur vie, car un capitaine avait péri dans la mêlée et quelques-uns des satellites de Goujon avaient reçu de graves

(*) C'est sur l'emplacement de ce vieil et caduc édifice qu'a été élevé le Musée-Bibliothèque du Havre.

blessures ; mais un troisième, Pierre, luttait encore contre les poignards et les épées ; il se précipite à travers la fenêtre ; déjà il a franchi la moitié de la longueur du corridor ; mais les mesures avaient été prises avec une perfide habileté ; une haie de hallebardes l'arrête dans sa course désespérée et l'accule dans un recoin obscur de ce même corridor ; là sont apostés d'autres assassins qui le percent de part en part et lui *lardent le corps*, suivant l'énergique expression d'un témoin oculaire, impuissant à défendre cette troisième victime.

Pierre expire en répandant, par ses mille blessures, des flots de sang sur le pavé ; on en voyait encore les murs rougis et maculés soixante ans après cette horrible catastrophe.

Le soir, avec l'autorisation courageuse et *tacite* de maître Jacques Martel, religieux, carme, docteur en théologie et huitième curé du Havre, les corps des trois Raulin furent secrètement transportés à Notre-Dame et déposés dans la chapelle St-Sébastien, pendant que l'on creusait leur sépulture dans le sol même de l'Église.

A minuit le père des victimes, couvert d'un manteau de deuil, fut introduit dans la chapelle ; on enleva le suaire qui enveloppait ces restes, si effroyablement mutilés qu'il ne put les reconnaître qu'avec les yeux de son cœur ; ce fut alors qu'il fut saisi de la douleur la plus affolante : Ah ! s'écria-t-il, en étreignant leurs cadavres de ses embrassements paternels ! « Morts pour leur pays, je ne les eusse point pleurés peut-être; mais égorgés lâchement comme de vils pourceaux ! » On fut obligé de l'arracher à cette scène de désolation.

Les trois Raulin furent inhumés dans une aile de l'Eglise, non loin de l'autel de la Vierge, devant lequel avait été également inhumé, en 1596, le cœur d'André de Brancas, sieur de Villars, gouverneur du Havre, fait prisonnier au siége de Doulens par les Espagnols qui le massacrèrent impitoyablement pour se venger de sa défection. C'était ce même Villars qui avait vendu et livré Rouen après une négociation avec Sully, qui détaille avec soin, dans ses mémoires, tous les moyens qu'il employa pour attacher à la cause royale ce puissant et fougueux ligueur.

Aussitôt répandue en ville, la nouvelle de ce triple égorgement y excita une rumeur et une indignation universelles. L'extrême jeunesse des trois frères, leur bravoure incontestable, la considération que leur père, avocat intègre, s'y était acquise, augmentaient l'horreur de ce crime et provoquaient un sentiment de vive compassion pour le père et de tendre et douloureuse pitié pour ses enfants ; des cris de vengeance furent poussés par la population dans diverses quartiers ; mais la garnison était forte, dévouée à Goujon et prête à tout. Ces clameurs restèrent impuissantes ; l'infortuné père demanda au parlement justice du sang de ses fils.

Ce fut alors que Villars s'avisa de prendre en main la cause de son lieutenant Goujon ; il sut gagner à cette affaire le duc de Montpensier qui lui prêta les mains. Le parlement, dans sa sévère équité, effrayait Villars, qui demanda que le grand-prévôt s'en mêlât seul, parce qu'il espérait diriger l'instruction selon ses vues et avoir bon marché de ce haut justicier, tout à leur dévotion.

Il n'en fut pas ainsi néanmoins. Le parlement fit acte de vigueur, maintint son droit, évoqua l'affaire, et bien résolu d'aller en avant, a dit M. Floquet, il se hâta d'envoyer au Havre deux commissaires, les conseillers de Brinon et de Croismare.

Le duc de Montpensier avait fait de vains efforts pour s'opposer au départ des commissaires. Toujours sous l'inspiration de Villars, il avait mandé près de lui le président du parlement et les conseillers les plus influents auxquels il avait fait mille objections, toutes spécieuses, si l'on en croit les réponses qui lui furent victorieusement opposées.

« Monseigneur, avaient dit les magistrats, il faut que justice soit faite et, dans ces temps calamiteux surtout, ce doit être d'un bon exemple. La cour a pensé, après mûres réflexions, que l'enquête était nécessaire, urgente même et que l'enquête se fera selon le droit et l'équité. Les bourgeois du Havre, alarmés de cet attentat, en demandent satisfaction ; on doit la leur donner. Ce n'est point l'affaire du grand-prévôt ; mais celle des magistrats du parlement qui, dans l'instruction, apporteront moins de passion et plus d'impartialité qu'un étranger. »

Cette réponse, à la fois énergique et noble, vint à la connaissance de Villars qui ne se tint pas pour battu et usa d'un moyen qui lui réussit, pour cette fois du moins, à empêcher les commissaires enquêteurs d'accomplir leur mandat ; il ne pouvait s'opposer à leur départ de Rouen ; il les laissa même pénétrer dans son gouvernement et bailliage de Caux. Ils n'éprouvèrent aucun obstacle jusqu'à leur arrivée dans le voisinage d'Harfleur ; mais en vue de cette ville, un messager, aposté par Villars, leur remit par ses ordres une dépêche qui les informait qu'il ne leur permettrait pas de s'ingérer dans cette affaire et qu'il avait expressément défendu qu'on abaissât les ponts-levis du Havre pour leur donner entrée dans la cité.

En effet, s'étant rendus près des fossés, ils trouvèrent l'accès impossible et, sur place même, ils dressèrent procès-verbal du refus qui leur était fait et des empêchements apportés à l'exercice de la justice. Là ne se bornèrent pas leurs justes plaintes. Le procès-verbal dressé, l'huissier qui accompagnait les commissaires s'approcha de la porte d'Ingouville et montra aux soldats qui la gardaient le parchemin dont il était porteur; d'abord tous refusèrent l'offre qui leur était faite; mais l'huissier avait mission de faire pénétrer dans la ville la pièce judiciaire dont il était porteur et il en vint à bout; le procès-verbal fut attaché à un caillou et lancé, à force de bras, sur les remparts où il parvint et fut ainsi signifié; mais, on le pense, sans la mention de la formule consacrée.... en parlant à....

De retour à Rouen, la cour arrêta que les deux commissaires empêchés se rendraient à Paris avec un président et le procureur général pour dénoncer au roi ces attentats; mais, informé de cette décision, le duc de Montpensier, aux instigations de Villars, avait pris les devants et présenté au roi, dans un mémoire, l'affaire sous un autre jour, de sorte qu'au moment où la commission allait prendre la route de Paris, elle fut retenue à Rouen par une lettre qui prescrivait à Groulard, premier président du parlement de Normandie, de retarder le départ des députés. « Le monarque avait trouvé bon et que le lieutenant du grand-prévôt fût allé au Havre informer du meurtre des trois frères et que le parlement y eût, de son côté, envoyé des commissaires pour en informer aussi ; les procédures du lieutenant du grand-prévôt et celles des magistrats devaient lui être envoyées quand elles seraient finies pour « *sur icelles ordonner à sa volonté.* »

C'était un moyen terme ; mais s'il laissait l'espoir d'une enquête sérieuse à la population du Havre, qui ne cessait de s'émouvoir, de s'attrouper près de l'hôtel du Gouverneur et de crier justice sous ses fenêtres, cette décision royale était loin de satisfaire Villars. Aussi son génie, peu loyalement inventif, lui suggéra-t-il un nouveau moyen, sinon d'arrêter, du moins de retarder le cours de la justice.

Forts moralement de la prescription royale, à laquelle ils pensaient que rien désormais ne pouvait être opposé, les députés du parlement reprirent de rechef la route du Havre, munis de ces ordres si exprès du roi, devant lesquels il leur semblait que toutes les portes allaient s'ouvrir comme d'elles mêmes ; mais cette fois encore ils avaient compté sans Villars qui n'était pas à bout d'expédients, ainsi qu'on va en juger. Aucune résistance ne paraissait plus à craindre, puisqu'un arrêt rendu par la cour enjoignait à toute personne d'obéir aux injonctions des députés, sous peine de voir procéder contre elles et d'être poursuivies et punies comme rebelles au roi et à sa justice. Un huissier accompagnait cette seconde commission ainsi que cela avait eu lieu pour la première ; il était chargé de faire tous les exploits requis et nécessaires « nonobstant tous empêchements, oppositions et appellations quelconques pour lesquelles il ne serait différé à procéder. »

Mais contre l'attente des députés et la juste impatience des habitants du Havre, les portes de la ville restèrent closes. Quoique les magistrats enquêteurs eûssent pu dire et faire dire, ni les sommations des députés, ni les ordres du roi, ni les murmures de la population ne purent ébranler Villars.

La commission n'avait d'autre force agissante que ses paroles, ses instructions, l'arrêt du parlement et la volonté clairement exprimée du monarque; tout cela ne pouvait rien contre des murailles garnies de soldats et des ponts-levis; elle dut battre en retraite une seconde fois devant une résolution opiniâtre appuyée par des hallebardes.

Mais Villars luttait contre un corps aussi tenace, aussi ferme à maintenir, à faire respecter ses arrêts, qu'il montrait lui-même de persistance et d'obstination. Rentrée à Rouen, la députation prit immédiatement le chemin de Paris. Si le roi savait...! et le roi devait savoir, quelques nouveaux efforts qu'eût faits le duc de Montpensier pour entraver son départ, en offrant sa médiation qui fut respectueusement, mais courageusement repoussée.

La commission n'eût pas l'ennui d'attendre longtemps l'audience royale; elle lui fut accordée le lendemain même de son arrivée à Paris. Le Prince l'accueillit avec sa familiarité et sa bonté ordinaires ; il sut par elle tout ce qui s'était passé dans cette affaire. « Je vois, dit-il, en congédiant les députés, que M. de Villars se souvient que son frère a lutté longtemps contre moi ; mais, ventre saint gris ! ces temps sont changés, justice se fera, Messieurs, dites-le bien à ceux qui vous ont envoyés. »

Ces bonnes paroles rapportées à Rouen, rendirent au parlement toute sa confiance. « Nous » trouvons fort mauvais, écrivait Henri IV, » que les commissaires qu'avez députés ayent » été empêchés en l'exécution de leur commis- » sion. Nous voulons et vous mandons que » vous envoyiez promptement aucun de notre » cour sur les lieux pour en informer, et que » vous nous envoyiez aussitôt l'information » qui aura été faite pour que, sur icelle et sur » l'autre qu'aura faite le grand-prévôt, par » nous envoyé au Havre, nous ordonnions ce » qui appartiendra. »

Le grand-prévôt n'avait pas trouvé à son arrivée les mêmes obstacles qui deux fois avaient surgi devant les membres du Parlement ; mais outre que le grand-prévôt était au mieux avec le duc de Montpensier, il se trouvait également dans les meilleurs termes avec Villars. Vainement le père des trois Raulin, courbé sous le poids des ans et de sa douleur, avait-il demandé à être ouï dans l'enquête du prévôt, celui-ci l'avait d'abord assez poliment éconduit, mais sur de nouvelles instances de la part du vieillard, il lui avait rudement répondu « Pourquoi voulez-vous que l'on vous entende? vous ne savez rien; *vous n'étiez pas là, et vos fils étaient des rebelles.* »

Ces derniers mots étaient déjà une sentence et la preuve irréfragable que le grand-prévôt avait été circonvenu ; qu'il avait une opinion préconçue et que dans l'apparence d'enquête à laquelle il s'était livré, on ne lui avait présenté que des témoins gagnés par l'or ou par la crainte de s'attirer par une sincère et franche déposition, l'animadversion de Villars et de son lieutenant, animadversion redoutable et redoutée ; le triple assassinat prouvait à suffire ce dont Goujon était capable lorsqu'on avait encouru sa haine.

Voici dont pour la troisième fois la commission s'acheminant vers le Havre; elle se compose de deux conseillers, du procureur général et d'un notaire secrétaire, tous dans un carrosse à quatre chevaux, que précède un huissier, de plus escortés par une dizaine de valets armés. Cet appareil est imposant et répond aux intentions du roi et à la majesté de la justice. Arrivés à Harfleur ils y trouvent le capitaine Villette qui sans doute vient les complimenter au nom du gouverneur du Havre, c'est une bienvenue qui cette fois leur est annoncée. Le capitaine fait arrêter la voiture, salue les magistrats et déroule un parchemin dont il s'empresse de leur donner lecture.

Messieurs, leur dit-il, je suis envoyé près de vous par Messire le lieutenant Goujon, représentant Monseigneur de Villars, grand Bailly de Caux, Gouverneur du Havre, etc. (Les magistrats sourient et s'inclinent). Je viens vous dire de sa part, qu'à moins que vous n'exhibiez une *commission spéciale*, signée du roi, scellée du sceau royal, vous n'entrerez point dansl e Havre (Les magistrats ne sourient plus et s'inclinent moins encore). Monseigneur de Villars en s'absentant du Havre ayant intimé à ses lieutenants l'expresse défense d'ouvrir, à d'autres conditions, les portes du Havre à homme qui fût au monde. En achevant ces derniers mots, le capitaine Villette remit ès mains du procureur général une lettre autographe du lieutenant Goujon, écrite dans le même sens, sinon dans les mêmes termes.

Après s'être consultée, la commission décida qu'elle passerait outre. Le carrosse continua sa route, toujours avec son escorte, et vers dix heures du matin il était en vue de la porte d'Ingouville ; mais les vigies apostées par Goujon avaient signalé le cortége et au moment où il franchissait le pont, les portes se fermaient et les ponts-levis étaient dressés ; ce qu'on ne faisait habituellement qu'au moment du dîner des habitants et de la garnison, c'est-à-dire de midi à deux heures, pour soustraire la place aux dangers d'une surprise.

Les magistrats étaient arrivés à la barrière en avant de la porte et près de laquelle se tenaient les soldats de garde. Alors les commissaires, revêtus de leurs insignes, descendirent de voiture et mirent pied à terre. L'huissier Mare qui les précédait, la *baguette à la main*, cria à haute et intelligible voix aux hommes du poste : « Voici Messieurs du parlement qui viennent, par ordre exprès du roi, exécuter dans la ville du Havre une commission de la cour ; je vous somme, au nom de S. M. et de ladite cour, de nous en ouvrir les portes. » Ce n'était là, dit M. Floquet, que le commencement d'une longue scène, d'une lutte scandaleuse entre la force et le droit, le droit qu'une fois encore la force allait vaincre. Les soldats prenaient les ordres des capitaines; ceux-ci consultaient leurs supérieurs et rien n'avançait. Les habitants de la ville, informés de ce qui se passait au dehors, étaient dans un si vif émoi que leur indignation menaçait d'aller jusqu'à la révolte; un peu d'or répandu par Robert Raulin, moins encore que l'odieux et le mystère de l'attentat sollicitaient violemment les passions populaires et compromettaient sérieusement la tranquillité de la ville.... Les femmes surtout s'agitaient *outre mesure*.... Les trois

Raulin étaient de si jeunes et de si beaux hommes !

Ce fut alors que le père des victimes montra tout ce qu'il y avait de grand et de noble dans son caractère : « Merci ,mes amis ; merci, » disait il à ceux qui ne l'avaient pas abandonné et qui, se mettant au-dessus de la disgrâce qu'ils pouvaient encourir, lui prodiguaient des consolations et lui conseillaient de se montrer sur la place publique, où tous ceux qui prenaient intérêt à sa cause étaient disposés à s'armer en sa faveur ; « merci, leur disait-il, une sédition peut faire de nouvelles victimes et ne me rendra pas mes pauvres enfants si traîtreusement égorgés ; laissez-moi les pleurer dans ma retraite ; à la justice le soin de venger leur assassinat. La justice je l'ai invoquée, elle a entendu ma voix, elle est venue ; vous le voyez elle est à vos portes. — Mais elle y a frappé en vain jusqu'à ce moment, dit un des assistants, et qui sait! — Mes amis, répondait-il, Dieu est puissant et le roi Henri est aujourd'hui le maître ; il saura bien, le temps venu, se faire obéir ; attendons avec confiance. »

Les magistrats étaient toujours à la barrière ; après une heure d'attente se présenta le capitaine Laferrière, envoyé par le lieutenant Goujon, qui dit aux députés que, s'ils venaient pour informer sur la mort des trois gentilshommes, ils eussent à montrer une commission du roi, signée et scellée ; c'était de vive voix la répétition de la lettre qu'ils avaient reçue en sortant d'Harfleur.

« Nous entendons, disaient les commissaires, entrer dans cette ville pour y exécuter la commission du roi, que nous avons eue, tant de bouche que par écrit. » Ils demandaient qu'ont les fit parler au lieutenant Goujon. Cet officier étant logé près de la porte du Perrey, très éloignée du point où s'était arrêté le carrosse des commissaires, plusieurs capitaines s'étaient détachés pour l'avertir ; cela ne prit pas moins de trois quarts d'heure. « Les murailles de la ville, dit le procès-verbal, étaient bordées d'un nombre infini de bourgeois qui persistaient à y stationner, contrairement aux ordres donnés par le lieutenant Goujon. Leurs sympathies étaient pour le parlement et pour les députés qu'ils regardaient comme des libérateurs, tant ils supportaient impatiemment le joug de fer que cet homme faisait peser sur eux. » Il vint un moment à l'esprit des magistrats de faire lire à haute voix les lettres du roi dont ils étaient porteurs; déjà l'huissier Mare en avait reçu l'ordre et s'apprêtait à obéir, lorsqu'une sage réflexion d'un capitaine les fit renoncer à leur dessein. « Vous avez trop de prudence, Messieurs, leur dit-il, pour considérer les mouvements des bourgeois, qui sont fort animés et ne demandent qu'un prétexte et une autorité pour faire un remuement qui pourrait apporter du péril et préjudice au service du roi et repos de la ville. Je vous prie de prévenir une sédition. » Les commissaires se rendirent à cette prière; ils aimèrent mieux dissimuler une injure faite à leur personne, à leur caractère et à la cour souveraine qui les avait députés que de s'exposer à troubler une ville émue dont les habitants, pour se révolter, n'attendaient qu'un mot peut-être; appartenait-il à des magistrats de leur donner le signal?

Certes, l'assassinat des fils Raulin entrait pour beaucoup dans l'émotion qui agitait la population havraise; mais il faut avouer, pour être juste envers tous, que ce n'était pas la cause unique de cet ardent désir qu'elle éprouvait d'en venir aux mains; il existait dans la ville un ferment d'animosités religieuses qui la divisait, pour ainsi dire, en deux camps : protestants convertis ou non et catholiques n'étaient pas si absolument réconciliés, quoiqu'ils le semblassent, que les uns et les autres n'eussent quelque chose, non pas à se pardonner, entre dissidents on ne se pardonne guère, mais à débattre à mains armées. La paix n'était qu'à la surface, au fond les haines, les velléités de vengeance et de représailles ; c'est à cela, sans doute, que le capitaine, dont l'histoire ne nous a pas conservé le nom, faisait allusion en priant les magistrats enquêteurs de ne pas suivre la lettre rigoureuse de leur mandat.

Sur ces entrefaites survint enfin une réponse du lieutenant Goujon ; il était malade, faisait-il dire, et regrettait de ne pouvoir s'entretenir avec la commission parlementaire.

Cette excuse, car c'en était une et des plus mauvaises, reposait sur une contre-vérité : Goujon se portait fort bien ; seulement cet homme, si hardi pour commander de sang-froid le meurtre de trois jeunes officiers, surpris dans le guet-apens qu'il leur avait tendu, n'osait sans doute soutenir le regard investigateur de magistrats intègres et purs. Il se cachait celui qui, fort contre trois braves jeunes gens confiants dans leur innocence, avait dit aux bourreaux à ses ordres : frappez, frappez toujours, frappez à mort. Mais alors pour exécuter ses volontés sanguinaires, trente farouches soldats couverts d'armures, l'histoire l'a dit, l'histoire inflexible, obéissaient à ses commandements. Il fallut bien cependant, bon gré mal gré, qu'il subît cette présence redoutée. Les magistrats, peu croyants en la réponse qui leur était faite, se retirèrent de la porte d'Ingouville, descendirent de leur carrosse et, par un long détour, ils arrivèrent à la maison du Perrey occupée par le lieutenant et se trouvèrent face à face avec lui. L'explication fut vive entre les conseillers et lui, et Goujon, timide d'abord, finit par retrouver assez d'audace pour dire aux magistrats : « Dans cette affaire vous procédez de passion et d'animosité ; vous n'avez ni parlé au roi, ni reçu de lui aucun commandement et dans tout cela il n'y a eu que de la surprise. »

Cela était plus même qu'osé, c'était insolent. La dignité des magistrats ne s'abaissa pas jusqu'à la réponse.

Mais Goujon ayant ajouté :

— Allez à Montivilliers attendre l'arrivée du commandeur de Chaste qui là verra vos lettres et se résoudra.

— Vous n'êtes point ignorant du pouvoir que nous avons en cette affaire et dont nous pouvons justifier à l'instant même, dirent les commissaires ; il n'est besoin d'avoir l'avis de M. de Chaste ; l'entrée dans le Havre nous étant empêchée par vous, nous sommes résolus à retourner à Rouen en faire notre rapport au parlement qui nous a députés.

Le lieutenant, qui sans doute avait des instructions secrètes de Villars, ou qui craignait peut-être que s'il laissait entrer les magistrats et commencer l'instruction, sa liberté ne fût compromise, car il avait le sentiment de l'action criminelle dont il s'était rendu coupable, ne voulut rien céder et laissa la commission retourner à Rouen sans plus ample satisfaction.

Son retour d'une mission trois fois infructueuse, si ce n'est injurieuse, excita dans le sein du parlement autant de surprise que d'indignation ; car c'était plus encore qu'une désobéissance obstinée, c'était un sanglant outrage à la magistrature. La cour s'assembla aussitôt et, les députés ouïs, elle rendit, séance tenante, un arrêt qui décrétait de prise de corps, le lieutenant Goujon et le capitaine Boullières.

Ce capitaine Boullières avait joué, pensons-nous, un grand rôle et dans la tragédie des frères Raulin et dans les refus obstinés de Goujon à ouvrir aux députés du parlement.

Les antécédents de cet officier justifient jusqu'à un certain point cette opinion que ne contredisent pas les faits antérieurement imputés à ce conseiller intime du lieutenant du gouverneur du Havre.

Boullières avait été lui-même gouverneur au Pont-de-l'Arche. C'était, au dire du premier président Goulard, un de ces *tyranneaux*, qui, si on les eût laissés faire auraient tenu tête aux magistrats, au parlement lui-même, en se mettant, par leurs actes, au-dessus de la justice et des lois ; il s'était de son chef, et de sa propre autorité, investi des pouvoirs les plus exorbitants que jamais chef barbare se soit attribués en pays conquis.

Voici des faits qui appuient cette assertion : Le procureur du roi, au Pont-de-l'Arche, faisait un jour, dans l'exercice de ses fonctions, une chose qui déplaisait à ce gouverneur ; Boullières entra dans une violente colère contre ce magistrat et quelques autres juges du siége ; il poussa plus loin l'impudence, il osa, en public, les prendre au collet et voulut les jeter à la Seine ; mais cette tentative n'ayant pas réussi, il les fit empoigner par ses gardes et jeter en prison, ainsi que les sergents qui avaient essayé de les défendre.

A la nouvelle de cet excès de pouvoir inouï, le parlement s'empressa d'instruire contre ce gouverneur insolent; mais grâce à son crédit à la cour, Boullières obtint aussitôt une évocation au conseil ; c'était une façon dont on colorait dans ces temps, et plus tard encore, un déni de justice. Aux députés du parlement, promptement envoyés en cour pour se plaindre, Henri IV, après qu'ils lui eurent au long raconté les faits, avoua « qu'il avait été surpris, » c'est-à-dire trompé. Au conseil, au moment où Pascal, avocat général au parlement de Normandie, combattait vivement cette évocation, Boullières entra dans la salle avec des airs de fanfaron et dit :

— Je viens apporter ma tête au roi, si j'ai failli ; mais je ne veux pas être jugé par le parlement qui est ma partie adverse.

— Taisez-vous, lui répondit le chancelier indigné : Vous avez pris cette évocation, non pour requérir justice, mais pour l'empêcher, ayant commis de grands crimes et fort qualifiés.

— Mais, s'empressa-t-il de répliquer : Le procureur du roi m'a parlé le chapeau sur la tête, sans respect pour ma qualité de gouverneur, et j'ai pu, en vertu de mon autorité, l'envoyer prisonnier.

— Vous n'avez pas de pouvoir sur la justice, lui dit Camus de Pont-Carré, rapporteur du procès ; mais la justice a pouvoir sur vous.

Ce gouverneur audacieux et brutal fut donc fort mal mené dans la chambre du conseil, où il avait osé pénétrer malgré les huissiers, et cette fois, il put apprendre à ses dépens, en quoi différaient le droit et la force. Ceci se passait au mois de Juillet 1598.

Si les magistrats étaient traités par les tyranneaux, comme l'avaient été par Boullières le procureur du roi et les juges du Pont-de-l'Arche, on peut se faire une idée de ce qu'avaient à souffrir de leur part la classe plébéienne qu'ils opprimaient, selon leur *bon plaisir*, sans que rien ne mît obstacle à leurs déportements.

Après cette équipée, Boullières fut destitué de son gouvernement du Pont-de-l'Arche et exilé au Havre, où son esprit remuant et son caractère inflexible ne tardèrent pas à souffler l'esprit de résistance. Il se lia d'intimité avec le lieutenant Goujon dont il devint le complice, si non plus encore.

L'arrêt du parlement flétrissait avec énergie leur désobéissance et leur manifeste mépris de l'autorité du roi; il en fut adressé expédition à Henri IV, à qui le parlement écrivit en même temps pour l'informer de cette rebellion et résistance contre sa volonté, si formellement exprimée, et contre les arrêts de la cour souveraine. — « L'instruction sur les meurtres qui ont ensanglanté le Havre, lui disait-on, est différée jusqu'à ce qu'il ait plu à votre majesté de pourvoir à la sécurité de la ville, à la liberté requise pour l'administration de votre justice et à la force nécessaire pour l'exécution de ses décrets. »

Que faisait donc Villars, ajoute l'historien du parlement de Normandie, depuis un mois environ qu'avaient lieu tous ces pourparlers, toutes ces allées et venues si humiliantes pour la justice? Il était en cour pour y faire son affaire bonne; mais les dernières scènes surtout avaient vivement indigné le roi. S'étant trouvé au lever de S. M., Henri IV l'avisa au milieu des courtisans : Que faites-vous ici, M. de Villars, lui dit le prince : Hâtez-vous de vous rendre à votre poste et d'y pourvoir aux désordres survenus pendant votre trop longue absence : telle est ma volonté (*). » Avant de partir, il

(*) Dans la série des gouverneurs du Havre, à peine s'en trouve-t-il un ou deux qui aient droit à quelqu'honorable souvenir historique: C'étaient des gentilshommes ambitieux. souvent besoigneux, plus empressés de faire leur cour à Versailles que de siéger à leur poste, et d'user de leur influence et de leur crédit pour les rendre profitables à leur gouvernement; aussi, ne cite-t-on pas dans notre ville un seul monument, un seul acte même, qui ait voué leur nom à la reconnaissance publique, et dans cette ville naissante tout était à créer !

Leur pouvoir despotique avait annihilé toute action municipale: Les échevins et le maire, n'agissaient que sous leur inspiration et n'étaient, à proprement parler, que leurs dociles instruments, leurs serviteurs et très obéissants et très humbles. Le gouverneur faisait-il au chef-lieu de son gouvernement une courte apparition? maire et échevins venaient le recevoir aux portes de la ville, à la descente de son carrosse, et offrir avec pompe les vins d'hon-

lui fut remis, à la chancellerie d'Etat, des lettres pour le parlement; elles félicitaient la cour sur le zèle qu'elle avait montré; Villars

neur, à M. le Duc ou à M. le Marquis, et des confitures et des dragées à sa noble épouse.

La ville était-elle menacée d'un bombardement? Que faisait le gouverneur? il laissait au lieutenant de roi le soin de pourvoir à sa défense et s'empressait d'aller mettre sa personne à l'abri des bombes ennemies, sous les lambris dorés du Louvre, justifiant cette trop prudente désertion sur ce que son service l'appelait auprès du souverain.

Qu'ils étaient loin de ressembler au vertueux duc de Montausier, gouverneur de Normandie! Profondément pénétré des devoirs que son titre lui impose, le duc apprend à Paris qu'une peste vient de se déclarer dans son gouvernement; il annonce aussitôt son départ pour Caen, où l'épidémie sévissait avec le plus de vigueur; sa famille veut s'y opposer; il répond: « Pour moi, je crois les gouverneurs obligés à résidence, comme les évêques; si l'obligation n'est pas aussi étroite en toutes les circonstances, elle est du moins égale dans les calamités publiques. » Et il part, malgré les supplications et les larmes de ses parents et de ses amis.

Exacteurs et jaloux de leur autorité, ils saisissaient toutes les occasions de se procurer de l'argent et ne rougissaient pas de descendre aux plus humbles supplications pour en obtenir, soit par emprunt usuraire

avait charge de les déposer *ès propres mains* du président. Il voulut saisir l'occasion de cette remise pour arrêter l'action de la justice, non

soit autrement. Rien de plus curieux à ce sujet que la correspondance de l'un d'eux, avec le greffier de la ville, correspondance conservée dans les archives du Havre. « Envoyez-moi 12,000 francs, écrivait-il, j'en ai besoin, il me les faut; dans votre ville, vous devez trouver cet argent; » puis encore « : dites à M. de Saint-Pierre (le père de l'immortel auteur de *Paul et Virginie*) que s'il ne me paie pas une redevance pour ses voitures, je ne présenterai pas au roi la supplique qu'il m'a adressée. » — Une autre fois, c'est le conseil de ville qu'un de ces grands seigneurs réprimande sévèrement et voici à quelle occasion : Un pêcheur du Havre ayant trouvé dans ses filets un poisson rare et curieux s'empressa d'aller le montrer au roi, à Versailles. Le roi le reçut; mais le gouverneur, furieux de ce que cet homme avait eu l'audace de se présenter à Sa Majesté, sans en avoir demandé l'agrément audit gouverneur, voulut faire jeter le pêcheur en prison et défendit au maire et aux échevins que jamais havrais osât se présenter devant le prince sans être accompagné du gouverneur. Les municipaux de l'époque s'excusèrent très humblement.

D'autres faisaient du Havre un lieu d'asile pour les amants qui enlevaient les femmes de leurs amis et leur offraient sans façon un gîte, à l'abri de fâcheuses

plus cette fois, par la force ouverte, mais par des négociations ; il descendit même jusqu'aux prières. Dans une entrevue qu'il eut avec le

recherches, et toutes les facilités désirables pour échapper aux poursuites des maris... malheureux.

Ce même gouverneur, d'une galanterie à nulle autre pareille, fut un jour obligé de se justifier d'une tentative de séduction sur la fille d'un vicomte et nous avons sous les yeux une lettre autographe assez curieuse que nous allons, pour terminer cette note hors-d'œuvre, transcrire littéralement, en faisant seulement cette remarque que l'auteur de l'épitre était *membre de l'Académie française.*

Du Havre, le 6 Aoust 1677.

Monsieur,

Lorsque j'avois moins d'habitude avec vous et que je connoissois moins vostre mérite que je ne fais à présent, je n'avois pas laissé de vous considérer comme un gentilhomme plein d'honneur, et par cette raison, je me serois plus tost donné de mon espée dans le cœur que d'avoir peu former pour la moindre personne de vostre famille une seule pensée criminelle, à plus forte raison pour Mademoiselle vostre fille, de qui la naissance, l'éducation, la douceur et la vertu, me doivent bien plus éloigner d'une intention sy desraisonnable. Quand je n'aurois aucune piété, j'ayme la gloire, et quand je serois assez

président Goulard, il lui dit: Je suis très marry de la RÉBELLION commise, en mon absence, par le capitaine Goujon, vis-à-vis des

malheureux pour ne faire rien pour Dieu, j'ayme assez l'honneur du monde pour ne vouloir pas estre tenu pour un bigot et un hypocrite, qui oseroit communier dans le temps où il auroit des desseins sy injustes et sy peu conformes à l'honneur, dont il fait une si exacte profession. Cependant, Monsieur, lorsque j'y pensois le moins, j'ay apris ce soir que Madame la vicomtesse estant venuë icy avoit dit à ma fille quelle emmeneroit lundy Mlle de la Marguerite à la campagne, et que c'estoit vous, Monsieur, qui le vouliez absolument. Je vous demande pardon sy je vous dis que j'ay quelque peine à le croire; mais soit que vostre volonté ou celle de ma ditte dame la vicomtesse l'élogne d'icy, considérez, je vous suplie, ce qu'on va dire *dans la ville du monde la plus mesdisante*. Sy l'on met vostre honneur à couvert par cette précaution, on perdra le mien, et l'on ne manquera jamais de dire qu'estant prudent et esclairé comme vous l'estes, vous ne vous estes résolu à cet esclat que quand vous aurez eu une entière certitude de mes mauvais desseins, et par là, je passeray dans la province et dans la cour pour un impie et perdray toute la gloire que j'ay acquise jusqu'à présent, et que ma conduite depuis six mois sur le sujet d'une des plus belles femmes de France m'avoit justement acquise, ayant voulu préférer à

commissaires de la cour et je l'en désavoue; j'ai la ferme résolution de faire exécuter la volonté et intention du roi.

tout ma réputation et ma parolle. Encore une fois, je vous suplie d'y vouloir faire une sérieuse réflexion, et de me croire tousjours avec passion, M. le vicomte,

Vostre très humble et très obéissant serviteur,

Le duc de Saint-Aignan.

Depuis sa fondation le Havre avait été compris sous le gouvernement militaire de la province de Normandie; mais en 1665, il en fut détaché pour former un gouvernement indépendant, dont firent partie les villes d'Harfleur, Montivilliers, Fécamp et 150 paroisses du pays de Caux. Le duc de Saint-Aignan fut le premier de ces gouverneurs soustraits à l'autorité supérieure de la province. Aussi, était-il très jaloux de son autorité. M. de Montausier, gouverneur de Normandie, s'était proposé de visiter le Havre, le duc donna l'ordre de ne le recevoir qu'à titre de simple seigneur particulier, M. de Montausier renonça à son voyage; il voulut visiter Fécamp, et il ne fut pas plus heureux; il se plaignit au roi, mais le duc était un adroit courtisan. L'affaire vint au conseil, M. de Montausier fit valoir ses raisons, celles du duc de Saint-Aignan prévalurent et il eut gain de cause.

En effet, M. le gouverneur, répondit Goulard, il y a matière à désaveu : cette rébellion est d'aussi périlleux exemple que le fait principal.

Villars attendit toutefois ce qu'allait décider le parlement assemblé en hâte ; le roi avait écrit à cette cour de renvoyer de nouveau des députés au Havre pour y commencer cette instruction trois fois tentée et trois fois empêchée.

La cour rendit un arrêt conforme à la prescription royale ; les mêmes commissaires furent désignés pour l'accomplissement de ce troisième voyage ; mais ils voulurent se défendre d'y retourner.

« Nous semblerions, disaient-ils, poussés de quelqu'animosité et particulières affections, nous voyant continuer par tant de fois. »

Honorable et généreux scrupule, dont on eut peine à triompher, car il fallut presque les contraindre à reprendre le chemin du Havre. L'arrêt leur donnait pouvoir d'informer et sur le meurtre des trois gentilshommes, et sur les rébellions de Goujon et de Boullières ; de décréter contre les prévenus, de tout faire en un mot ; la décision définitive étant seule réservée à la cour.

C'était bien ce qu'avait craint Villars qui alors osa, le croira-t-on, incidenter encore, prétendant que la mission des députés du parlement devait se borner à instruire et que le roi, le chancelier et MM. du conseil l'entendaient ainsi ; mais sur ce point encore il fut repoussé. « Les commissaires ont leur leçon par écrit, lui fut-il répondu ; ils l'exécuteront sans méprendre, telle est la volonté du roi, déclarée de bouche à ses députés et exprimée dans ses lettres à la cour. »

Quand ils retournèrent au Havre pour la quatrième fois, les portes s'ouvrirent, les ponts-levis s'abaissèrent, l'accueil que les députés reçurent des habitants ressemblait presque à une ovation : *Enfin justice se fera!* tel est le cri qui retentissait sur leur passage et trouvait de l'écho dans les carrefours et sur les places publiques. Un seul homme doutait encore de cette justice humaine, c'était le père des trois victimes ; un billet qui, dans la matinée lui était parvenu, contenait ces mots : « Goujon et ses complices se sont évadés cette nuit, couverts d'une haute protection. » Cette haute protection, c'était Villars, on n'en pouvait douter ; aussi la commission se trouva-t-elle tout d'abord dans l'impuissance d'exécuter la partie principale de son mandat, c'est-à-dire l'interrogatoire des prévenus, l'audition des témoins et la mise sous la main de la justice de Goujon et de Boullières ; les inculpés étaient en fuite, les témoins avaient été éloignés, menacés ou corrompus.

Lorsque la nouvelle de ces évasions se répandit en ville, elle y causa plus que de la stupeur ; les uns voulaient se soulever et couraient aux armes, d'autres en appeler au roi, un grand nombre déclara publiquement, à l'Hôtel-de-Ville où ils se rendirent, *qu'ils aimaient mieux quitter le Havre que d'y vivre sous le commandement de tels assassins*.

En sortant de cette citée désolée, les magistrats recommandèrent à Villars de refuser aux accusés l'entrée de la ville, lui enjoignant, s'ils s'y présentaient, de les faire immédiatement arrêter.

Villars promit et jura de faire ce qui lui était demandé ; mais à peine arrivés à Rouen, les députés apprirent que Goujon et ses complices étaient rentrés dans le Havre de l'aveu de Villars; de plus que Goujon, hué par la populace en traversant la ville pour se rendre chez le gouverneur parjure, effrayé des menaces qui, sur son passage, l'avaient accueilli, offrit de se démettre de son office de lieutenant au gouvernement de la place.

« Je refuse votre démission, répondit Villars, et, nonobstant ces vaines clameurs, je veux que vous continuiez à remplir votre charge. »

C'est aussi que le lieutenant Goujon était un homme précieux pour un gouverneur tel que Villars. Goujon, lâche comme tous ceux qui intriguent sourdement pour donner satisfaction à leurs passions haineuses, à leurs petites rancunes sournoises, ou encore aux passions et aux rancunes de leurs supérieurs, Goujon assumait servilement sur lui tout l'odieux des actes vexatoires, sauf à s'abriter ensuite sous le manteau de son chef pour braver la justice et y chercher l'impunité au risque de faire détester le pouvoir et l'autorité du gouverneur. En résumé le lieutenant de Villars n'était pas homme de grand talent militaire; mais il était justement assez sot pour faire un impitoyable tyran (*).

Le roi qui avait appris tout ce qui s'était passé, et su toutes les informations faites au Havre, tint la parole qu'il avait donnée. Le 21 mai, par arrêt du conseil privé, toute la procédure fut renvoyée au parlement de Rouen,

(*) Au mois de décembre 1593, le marquis de Villars avait nommé pour son lieutenant, au Havre, Georges de Brancas, chevalier d'Oise, son frère, qui lui succéda dans le gouvernement de cette ville.

Au commencement du règne de Louis XIII, ce Villars fit construire la porte du Perré et, dit l'historien Pleuvry, il établit pour son lieutenant, Hugues d'Athenoux, *sieur de Gougeon*.... Serait-ce le même Goujon, auteur du massacre des Raulin? mais on a vu que dès 1598 Goujon était lieutenant de Villars ; n'est-ce pas rétablit au lieu d'établit, où serait-ce un autre Goujon? L'orthographe de ce nom n'est pas écrite par Pleuvry telle qu'elle se trouve dans les archives du parlement de Normandie. C'est un problême historique dont nous avons cherché vainement la solution.

« pour y être le procès fait et parfait à ceux qui s'en trouveraient coupables, suivant les édits et ordres de S. M. »

Incroyable dénouement de ce grand procès ! Goujon et ses complices furent acquittés et sur le chef du triple assassinat et sur leurs résistances opiniâtres et audacieuses aux envoyés du parlement de Normandie.

Lorsque parvint au père des trois gentilshommes la nouvelle de cette sentence inexplicable, le vieillard, qui s'attendait à une toute autre issue de ce grand et mémorable procès, était assis dans son jardin d'Ingouville, sous une tonnelle ombragée de lilas fleuris; l'air était pur, la brise embaumée; il s'était levé, confiant dans l'équité des juges et asséréné par l'aurore d'un beau jour d'été; mais tout à coup il perdit ses forces, s'affaissa visiblement ; sa tête vénérable retomba sur sa poitrine; il ne put que laisser échapper ces mots : « Je vais demander là haut, la justice qui m'est refusée ici-bas » et il expira dans les bras de ses amis.

« L'indifférence de la nature devant les maux de la fragile humanité, son calme en face des passions humaines les plus désordonnées et des catastrophes qui nous frappent le plus, ne sont-ils pas une sorte de blâme tacite, de condamnation muette de nos emportements et de la mesquinerie de ces grands événements, grands pour nous seuls qui sommes si petits, mais imperceptibles pour la nature qui est au-dessus de nos faiblesses et de nos douleurs, comme le ciel est au-dessus de la terre. »

Après cet étrange arrêt d'un double acquittement, il est difficile de tenir la bride à une multitude de réflexions ; nous ferons pourtant grâce à nos lecteurs de celles que cette sentence nous a suggérées; mais peut-être l'expliquerons-nous par une citation empruntée au nouveau volume de l'*Histoire de France* de M. Michelet, volume consacré au règne d'Henri IV.

L'auteur s'exprime ainsi :

« Les gouverneurs de province en étaient les rois; sous ces hauts tyrans subsistait la foule des petits tyrans, gouverneurs de villes, commandants de places; un des fléaux de l'époque, c'est qu'ils s'appropriaient et tournaient à leur avantage la puissance du roi et des parlements qui devaient les réprimer; ils n'avaient plus besoin, comme autrefois, de combattre; il leur suffisait de plaider. La lâcheté des hommes de robe mettait la justice à leurs pieds. Les parlementaires, si gourmés, si gonflés de leur robe rouge, tombaient à l'état de valets quand un de ces dieux de la cour leur faisait l'insigne honneur de les visiter. Chapeau bas, courbé jusqu'à terre, reconduisant le grand seigneur jusqu'à la rue, jusqu'au carrosse, le magistrat promettait tout. *La Cour! un homme de Cour!* A ce mot la loi s'effaçait, le droit s'évanouissait, le courage du président tombait, et le plus souvent la vertu de Madame la présidente. »

Nous avons dit que les trois Raulin avaient obtenu la sépulture chrétienne dans l'église de Notre-Dame; un peu plus tard il fut permis, à prix d'or toutefois, à une main amie de placer sur le pilier de la chapelle St-Sébastien, voisin du lieu où reposait leur mortelle dépouille, l'inscription suivante:

« Ici reposent les corps de Isaye Raoulin, écuyer, sieur de la Regnardière, vivant cornette de la compaignie des gens à cheval de feu Mgr de Villars, vivant admiral de France et gouverneur pour le roy en la ville de Grâce; de Pierre Raoulin, écuyer, sieur de Saint-Laurens, vivant lieutenant en une compaignie de gens de pied, entretenus par le roy en Normendie, et de Jacques Raoulin, écuyer, sieur de Rogerville, vivant enseigne de la compaignie de gens de pied, fils uniques de Robert Raoulin, écuyer, avocat en parlement, décédés en cette ville du Havre-de-Grâce, le 16me jour de Mars 1599, en une même heure; prier Dieu pour leurs âmes ! »

Cette épitaphe, gravée en creux sur la pierre, était surmontée d'une tête d'ange au-dessous de laquelle on avait dessiné *trois larmes ;* à droite et à gauche étaient deux écussons aux armoiries de deux des Raoulin ; on se demande pourquoi, les trois frères étant gentilshommes, la pierre ne porte pas un troisième écusson ? — question d'épigraphie insoluble.

Lorsque l'église de Notre-Dame devint, aux jours de la Terreur, le *Temple de la Raison*, la vue de cette pierre révolta le patriotisme des membres ardents de la Société populaire du

Havre. Les trois emblêmes qu'elle portait, l'ange et les écussons, étaient peu propres à lui faire trouver grâce aux yeux de ces républicains exaltés. D'abord on se borna à faire disparaître les signes féodaux, c'est-à-dire les écussons, puis le républicanisme étant devenu *plus pur* encore, la pierre elle-même fit peur ; on la descella et on la jeta non loin du temple *qu'elle souillait*. Acte d'inconséquente stupidité que cette expulsion profanatrice, car enfin cette pierre, malgré son laconisme, plus éloquent peut-être qu'une oraison funèbre, ne laissait-elle pas lire ces mots « *décédés en une même heure?* » quelle protestation plus significative contre le despotisme des *tyranneaux* de la fin du XVIe siècle !

Or, il arriva qu'en ce temps on construisait une fontaine publique dans la rue des Viviers. Le maçon ramassa dans le cimetière la pierre vouée à l'exécration républicaine, en scia un des côtés pour la faire entrer dans son œuvre, et pendant soixante-trois ans, noyée dans le béton, il ne fut plus question de l'épitaphe. Un jour pourtant de cette année, la fontaine, démolie à son tour pour le nivellement d'un trottoir, mit à nu la partie intacte de la pierre funéraire. Recueillie et *restaurée,* la pierre, ainsi rendue à la lumière, a été incrustée, non plus sur le pilier de l'église Notre-Dame, où peut-être elle devait reprendre sa place près des ossements des trois victimes ; mais sur le premier pilier de droite de la galerie du rez-de-chaussée du Musée-Bibliothèque.

Par une singulière coïncidence l'épitaphe se trouve aujourd'hui sur le lieu même où se commit, en 1599, l'assassinat des trois Raulin ; sans doute cette considération aura milité en faveur du non-remplacement de la pierre sur le pilier de l'église catholique.

www.ingramcontent.com/pod-product-compliance
Ingram Content Group UK Ltd.
Pitfield, Milton Keynes, MK11 3LW, UK
UKHW031939260826
14628UKWH00004B/1735

9 782013 676588